ブックレット　近代文化研究叢書　2

トマトの日本史

小菅桂子

観賞用だったトマト

トマトがいつ日本に渡来したのか正確な年代はわからない。絵画に描かれた最古のものは狩野探幽『草木花写生図巻』の「唐なすび」で、これは寛文八年（一六六八）の作、東京国立博物館が所蔵している。出版された文献上に初めて登場するのは『養生訓』の著者として知られる貝原益軒の『大和本草《やまとほんぞう》』とされている。貝原益軒は儒者で、医学、歴史、地理の学者、教育家としても知られている。『大和本草』は宝永六年（一七〇九）に刊行された全二〇巻に及ぶ本草学書で、この本の「巻之九草之五　雑草類」の中に「唐ガキ」として次のように記されている。

唐ガキ　又珊瑚茄《ナスビ》ト云俗名ナリ葉ハ艾葉ニ似テ大ナリ又南天燭西瓜ノ葉ニ似タリ毎葉小片両々相対シテ大小相挟メリ実ハホウツキヨリ大ニシテ殻苞ナシ熟スレハ赤シ其井子ハ龍葵ノ如シ稲若水曰天茄子ナリ老鴉眼睛草ヲモ天茄子ト云ソレニハ非ス

益軒の観察したトマトはそれほど大きくなかったようである。いまのプチトマトかフルーツトマトぐらいだったのではないだろうか。稲若水とは加賀前田侯に仕えた本草学者稲生《いのう》若水のことで、元禄十年（一六九七）から、中国の典籍中の動植物の記事を実物と照合した「庶物類纂」の著述を開始したが中途で病死した。その彼が「唐ガキ」を「天茄子」のことだといっている、と記している。

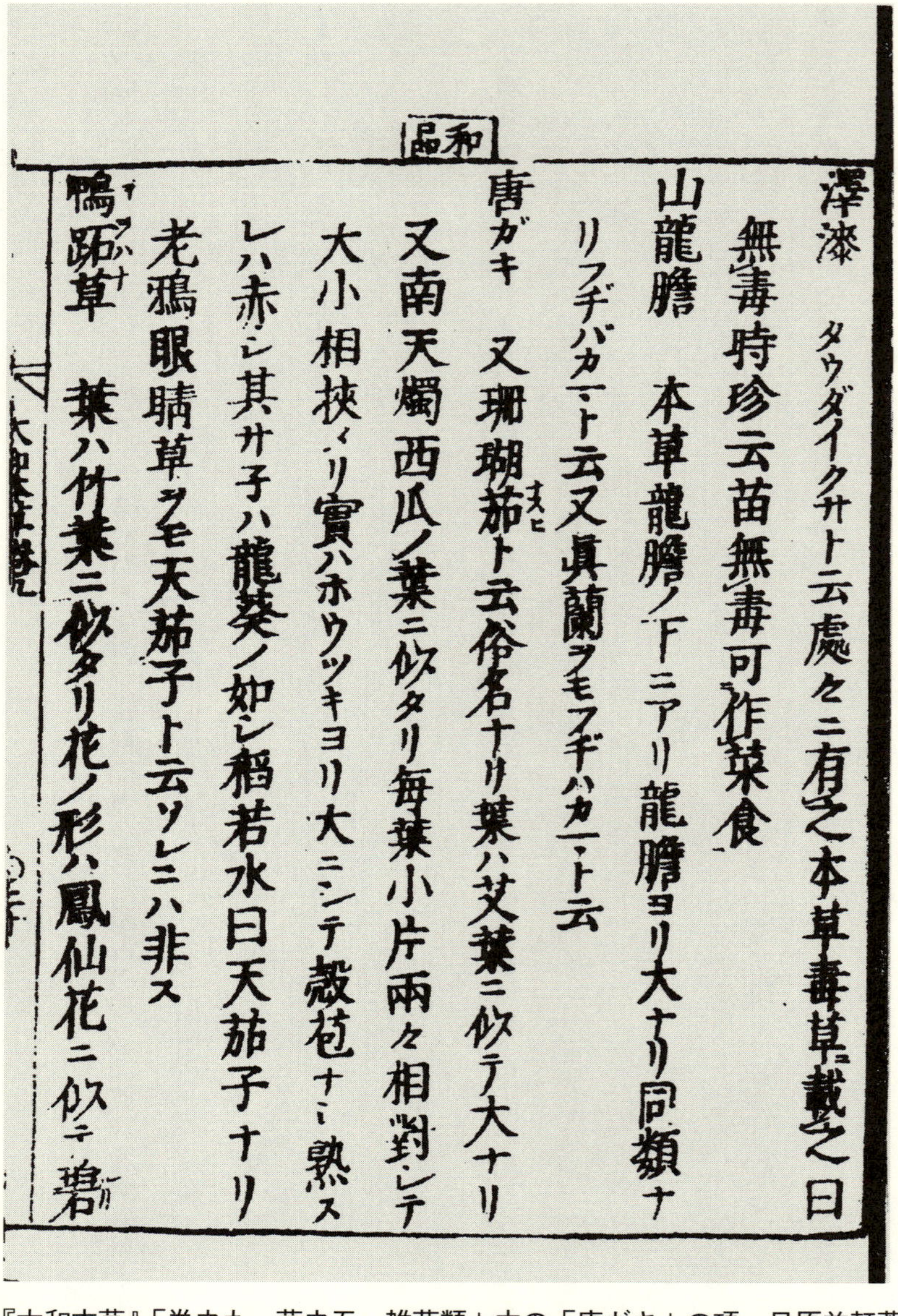

和品

澤漆　タウダイクサト云處々ニ有之本草毒草ニ載之曰無毒時珍云苗無毒可作菜食

山龍膽　本草龍膽ノ下ニアリ龍膽ヨリ大ナリ同類ナリフヂバカマト云又眞蘭ヲモフヂバカマト云

唐ガキ　又珊瑚茄《ナスビ》ト云俗名ナリ葉ハ艾葉ニ似テ大ナリ又南天燭西瓜ノ葉ニ似タリ毎葉小片両々相對シテ大小相挾メリ實ハホウヅキヨリ大ニシテ殻苞ナシ熟スレハ赤シ其サネハ龍葵ノ如シ稲若水曰天茄子ナリ老鴉眼睛草ヲモ天茄子ト云ソレニハ非ス

鴨跖草《アヲバナ》　葉ハ竹葉ニ似タリ花ノ形ハ鳳仙花ニ似テ碧

『大和本草』「巻之九　草之五　雑草類」中の「唐ガキ」の項　貝原益軒著
中村学園大学電子図書館　貝原益軒アーカイブ所蔵

江戸時代にすでにトマトには「唐なすび」「天茄子」「唐ガキ」といった呼称があり、また俗名として「珊瑚茄」とも呼ばれていたようである。珊瑚を細工して作った装飾用のあの赤い玉が大きさといい色合いといいトマトの果実を連想させたからであろう。

昭和六十三年版『図説　草木辞苑』には、

あかなす　【赤茄子】

トマト tomato スペイン語の古名　[同]赤茄子《あかなすび》・蕃茄《あかなすび》　[別]唐柿《とうがき》・珊瑚茄《なすび》・珊瑚樹茄子《さんごじゆなすび》・珊瑚樹茄子《さんごじゆなす》・六月柿《ろくぐわつがき》・朝鮮茄子《てうせんなすび》

[漢]小金瓜・蕃茄・六月柿　[来]宝永五年（一七〇八）以前に、はじめ観賞用として輸入　[註]最初の呼称は唐柿《とうがき》、次いで珊瑚茄《なすび》→珊瑚樹茄子《さんごじゆなすび》となり、赤茄子は明治初年（一八七〇頃）の通り名　[用]食用（果実）　[季]夏

[典]／大和本草

と説明している。トマトは渡来した当時から、そしてその後長いこと観賞用植物として扱われていたのである。平成九年版『英語語源辞典』（寺澤芳雄編　研究社）で tomato を引くと、メキシコ南部から中央アメリカに分布する言語ナワトル語の tomatl が語源であり原義は the swelling fruit［筆者注・膨らむ果実］とあり、続けて「トマトはアンデス山脈にそった現在のエクアドル、ペルー、ボリビアあたりの原産。大航海時代におそらくスペインに、その直後にイタリアに伝えられた。」とある。原住民の言葉を征服者であるスペイン人が綴り、記録したのが始まりである。平成十一年に刊行された橘みのり氏の『トマトが野菜になった日—毒草から世界一の野菜へ』（草思社）における詳細な調査によれば、この tomatl はしかし、トマトと

食用ホオズキの両方にあてられた名詞であったという。大航海時代に原産地から異国に拡がっていったトマトの旅は今日もなお、謎の部分を残している。しかし、スペイン人がヨーロッパに持ち帰ったとされる時期からおよそ百五十年後には、経路に諸説はあるが日本に上陸したことは事実だ。

ここでは前稿『チキンライスの日本史』（ブックレット 近代文化研究叢書 1）に続き、本土上陸後のトマトに触れたい。

食用トマトの栽培は居留地から

トマトが我が国で食用にされるようになったのは明治に入ってからのこと、料理が書物に登場するのは明治五年の『西洋料理通』（仮名垣魯文著・河鍋暁斎画　万笈閣）が最初であるが、日本で最初にトマトを料理用に栽培したのはヘボン夫人（ヘボン式ローマ字の創始者の夫人）であった。『ヘボン書簡集』（高谷道男編訳　岩波書店）に夫のヘボンは、来日直後の安政六年（一八五九）十一月二十二日付けで、神奈川からW.ラウリー博士に宛て「魚、家禽、鶏卵、サツマイモ、ジャガイモ、インゲン豆、大根、上質の白米、人参があり、時折は新鮮な牛肉、羊肉、仔牛の肉などを船長や領事から届けてもらえる」と書いているが、『横浜の食文化』（「横浜の食文化」編集委員会編　横浜市教育委員会）によると、幕末期、新鮮な西洋野菜はほとんど入手出来なかった。そのため、居留地に住む外国人は日常の食生活を営むのも困難であった。そこで文久二年（一八六二）ヘボン夫人は海に近い居留地の一角に自家菜園をつくり、トウモロコシや砂糖大根、レタス、トマト、セロリ、いんげん、えんどうなどを作り始めた。このヘボン夫人の自家菜園について『横浜バンド史話』（高谷道男・太田愛人著　築地書館）では、ヘボン夫人の、畑を耕し種を蒔き野菜をつくって食べる自立精神を讃え、西洋野菜は「ヘボン塾の菜園から出てきた」と伝えている。トマト

『西洋料理通』下　仮名垣魯文著・河鍋暁斎画
挿画　横浜朝市場に於て外国人野菜を買図
昭和女子大学図書館所蔵

を含め西洋野菜は、『チキンライスの日本史』に登場した日本におけるハムの創始者であるカーチスもまた同じ居留地内で栽培を手がけている。カーチスがホテルの経営者であったことを考えると、おそらく必要に迫られて自家農園で西洋野菜の栽培をはじめたのであろう。

横浜では慶応元年（一八六五）に神奈川奉行所が横浜の吉田新田で西洋野菜を試作している。イチゴ、タマネギ、セロリ、キャベツ、ニンジン、ハツカダイコン、ジャガイモなど十数種類の西洋野菜が記録されているが、そのなかにトマトもあった。この試作地の総指揮をしたのはお雇い外国人であった。彼らは西洋野菜の種は皮製のトランクにしっかり仕舞い込み、鍵をかけて日本人には手も触れさせなかったというエピソードもあるが、農園を開いた外国人自らが新聞広告を掲載して日本人に栽培を推奨した例もある（『横浜の食文化』）。いずれにしても日本人にしてみれば言葉が通じない。それこそ手真似足真似仕事の日々であったことは想像に難くない。

日本で初めてトマトが料理として紹介されたのは前述の『西洋料理通』であり、明治五年のことである。この年日本初の農事試験場、内務省勧農寮は内藤新宿（新宿御苑）に試験場を設け、トマトばかりでなくいろいろな外来作物の実験栽培を行っている。横浜の吉田新田の試作地も、この農事試験場もともに明治政府の主導によるものだが、こうしたプロセスを経てトマトはいよいよというか、やっとというか野菜としての地位を確立して行くことになる。

トマトと西洋料理

『西洋料理通』（上之巻・下之巻・後編附録からなる）の著者、仮名垣魯文は、『万国航海　西洋道中膝栗毛』や『牛店雑談安愚楽鍋』の著者として、また新聞記者としても知られていた。『西洋料理通』はその魯文が、その頃横浜に住んでいたイギリス人が日本の使用人に西洋料理を作らせるために書いた手控え帖、それを種本にまとめたものとされている。トマト料理はこの本の後編附録、第七章野菜物之部に「蒸赤茄子製方」として紹介されている。

「スチュードトマース」蒸赤茄子　成分の品　赤茄子八箇、胡椒、塩、牛酪一斤十六分の二、酸一合。

右製方

一、赤茄子を細切《こまかぎり》して蒸鍋に入れ、胡椒と塩を散点《ちら》し之を静かに烹る事二十ミニユートにして酸を入れ、それより又静かに烹る事五ミニユート。(『明治文化全集　第二十巻　風俗篇』高橋邦太郎校本に拠る。)

これが日本初のトマト料理である。料理本に紹介されたらすぐに作ってみるというのは昨今のことで、当時仮にこれを読んだ人がいたとして実際に料理して食べた人は皆無であったろう。これはあくまでも活字の上でのトマト料理であった。

明治十二年に出た本で『西洋野菜そだて草　全』(小林弥三郎纂訳)という和本がある。この本に「蕃茄」という項目があり「あかなす、トマト」と二つの振り仮名をつけ冒頭に「是ハ菜中《やさいのうち》第一の甘美品《うまきしな》にて」とある。この本は一八七六年(明治九年)ニューヨークの種商社「ピートル、ヘンデルソン」刊行の種子目録を抄訳し、註と画図を加えて刊行されたハウツウ物、つまり栽培の指導書であるがトマトはここでやっと野菜として認められたのである。ちなみに中国語でトマトを蕃茄と表記する。蕃茄の「蕃」は外国のことである。

明治十八年二月に出版された『舶来穀菜要覧』(竹中卓郎編)には当時アメリカから輸入されたトマトが十種ほど紹介されて

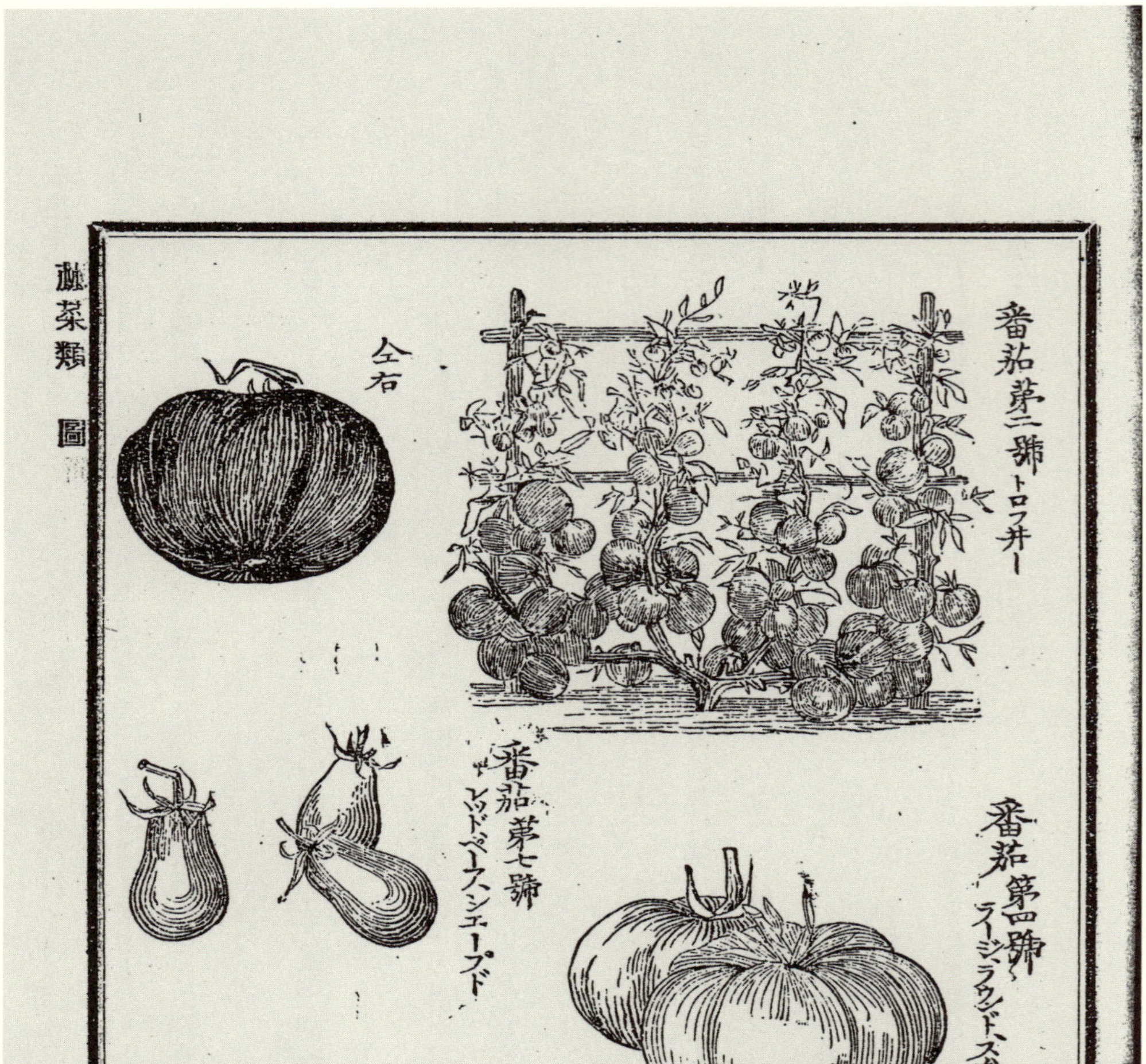

『舶来穀菜要覧』明治18年刊　アメリカ輸入のトマト
国立国会図書館所蔵

いる。この本には食べ方もある。時代がしのばれるので原文のまま紹介すると、

老熟して酸味を生する頃摘採して羹汁に調和し又醤に和して用ひ又煮熟し其汁を榨り冬月迄貯蔵して魚肉獣肉の醤となして用ひ又熟蓏を蜜蔵或ハ糖蔵し果となして貯蓄し其嫩果を酢蔵して食品とす其調理法頗る多し

つまりトマトは熟し加減の頃摘み取ってスープにしたり、煮くずしてその汁を搾り冬まで貯蔵しおき、魚肉料理のソースとして使うなどその調理法はとても多いと説明している。

その頃、トマトはいち早く鹿鳴館のご馳走に登場した。明治十八年六月三日の晩餐会のメニューには「蔬菜　蕃實赤茄子製」(鳥海忠「検証・鹿鳴館の西洋料理」「日本ダイナースクラブ　シグネチャー」平成十一年十二月　臨時増刊所収)と記録されている。全日本司厨士協会によると、これはアーティチョーク(チョウセンアザミ)とトマトのサラダであるという。当時鹿鳴館の料理長は藤田源吉である。トマトはすでにこの頃日本人の料理人によっても食用として取り込まれていたことが分かる。また明治二十三年の宮中晩餐会のメニューにも肉詰赤茄子料理が見える。この席の料理を担当したのは秋山徳蔵である。

その後明治二十四年に刊行された『有用植物図説　解説　巻一』(田中芳男・小野職愨編)になるとようやく「近年洋食ノ開クルニ随ヒ始メテ生、煮、炙、煉等ノ食法ヲ知ルニ至ル」とあり、トマトが食用として認められていく様子が伝わってくる。それから二十年余り後、明治四十二年に出版された『西洋野菜の作り方と食べ方』(神田喜四郎編)という本がある。当時のトマトの立場が具体的に伝わってくる。本文第一頁、「第一編　実を食べる野菜」の筆頭に以下のように綴られている。

蕃茄　（トマト）

近頃東京では、大分トマトを用ゐる人が殖えまして、何処の水菓子屋でも必ず之を店先に飾る様になりました、然し今の處ではまだ到底一般の嗜好には向きませんので、時にはトマトと云ふものは、庭の眺めを添へるものだ位にしか、思はん方もある位でありますが、外国では「トマトのある家に胃病なし」と迄云はれて、盛んに之れを用ゐます相です、で大底の人がトマトを見ますと、其美味相な真赤な色に迷ひまして口まで入れますが、非常に臭の高いのと、ホウヅキの様な味がしますので、直ぐに吐き出して仕舞ひます、がトマトは決してソウ不味いものではありませんので、少しく食べ馴れて来ますと、到底忘れる事の出来ない一種の味があります、殊に夏の暑い時などには、其甘味と酸味の具合が良く口に適ひまして、到底甜瓜や西瓜の及ぶ所ではありません、トマトは三つ丸呑みにすれば、漸く味が判つて来ると云ひますが、実際我々が初めてトマトを見ました年には、トマトの畑など、見向くも厭やな感じがしたのであります、が其翌年にはそれ程嫌ひであつたトマトの、畑の脇を直ぐには通り越せぬまでに好きになつたのであります、とも角一種の風味と味は、西洋料理などの流行につれまして、早晩我国にも一般は使《ママ》はれる様になりませう、殊にトマトは只味の良いばかりでなく、真赤に熟しました玉の様な実が、累々と房になりまして、其実から蜜の様な雫でも滴たり相に見えます所など、朝晩我々の目を楽しませ、終日の疲れを医やす事も出来るのであります、

とにかくトマトは体にいいですよ、だから好きになってください！　著者は懸命に訴えている。食べ方を拾ってみよう。

皮を剝きましてから之を輪切つて平皿の中に入れ、酢か、三杯酢か、苺のジヤムなどを掛けて食べますに、只見栄えの良

いばかりでなく、甘酸適度で、夏の食べ物として至極結構なものであります、然し初心の人は皮を剝きましてから種と汁とを出して、砂糖をつけて食べるが宜しいです、

皮を剝きましてから輪切にし、充分バタで烙めて柔かになりましたとき、塩と砂糖で味をつけても用ゐますが、猶ほ其上から卵をかけて、卵の半熟になつたとき、皿に盛つて食べますに、一層味が宜しいです、

トマトの羊羹　先づトマトを押し潰しまして、出ました汁に水を加へ、其液で寒天を煮、充分寒天が溶けました後ち、其中へ餡を入れて練り交ぜれば羊羹が出来ます、出来ました羊羹は特に厚く切つて、二つ切位宛皿に盛りますに、大層立派なものであります、ソシテ羊羹に使へますトマトの、赤色のものは、何となく品のないものでありますから、黄色い方を用ゐるが宜しいのです、

また、

まだ熟さない青いトマトは、塩漬、粕漬、味噌漬として大層佳味でありますが、又之を一分位の厚さに切りまして、一晩塩につけました後ち、酢と砂糖で煮て、胡椒などをかけて用ゐます、

なんとも摩訶不思議な料理である。その他ジャム、トマトソース、印籠煮、ライスカレー等、さまざまなトマト料理が紹介されている。ライスカレーをつくるトマトは酸味の多いものがよく、金柑トマトのような黄色トマトは不適当であること、盛る器は浅くて白い西洋皿がよく映る、全六頁に及ぶ「蕃茄（トマト）」の項にはそんなことも書いてある。

トマトの応援歌・料理心得の歌

赤茄子を刃物で剝くな湯を掛けて
　手で薄皮を取るものぞかし

これは明治三十八年版の『増補註釈　食道楽　全』巻末附録「料理心得の歌」のなかのいうなればトマトの応援歌である。「食道楽」は小説家村井弦斎の代表的著作である。村井弦斎は文久三年（一八六三）の生まれ、そして昭和二年に亡くなっている。つまり明治、大正という文明の嵐とハイカラな時代を自分の目で確認した人である。報知新聞の看板作家で、編集総務を務めた時期もある。「食道楽」は明治三十六年に報知新聞に連載されるや評判を呼び、彼の名はこの料理小説で不朽のものとなった。

今日の「男子厨房に入ろう会」からは想像もつかない古風な時代に男が料理小説を書き、それがベストセラー、ロングセラーになった。尾崎紅葉、夏目漱石、田山花袋のみならず多くの明治の作家は食べものについて書いているが、「食道楽」のような料理小説という形態は珍しい。しかしこれは生まれるべくして生まれた小説なのである。

弦斎は明治三十三年結婚した（入籍は翌年）。妻多嘉子は娘時代を伯爵後藤象二郎邸で贅沢に育ち、料理の腕前もプロ並みであった。これにより村井家の食卓はがらりと変わった。刺激を受けた弦斎は、新聞記者精神に則り、料理というものがいかにおいしく楽しいものかを世に知らしめるべく構想を練る。それが料理小説「食道楽」であった。ここに登場するヒロインお登和は多嘉子がモデルである。娘の村井米子氏（「跋―父弦斎の思い出」）によれば、連載が始まると間もなく大隈重信から「コックを貸してやるからもっといい料理を書け」という注文が舞い込み、本当にコックが派遣されてきた。弦斎は張り切らざるを得ない。揚句、アメリカ大使夫人に長く仕えていたコックを自分で雇い入れている。新聞社の一社員がハウスコックを置く…考えられない時代である。弦斎がコックを雇ったおかげで村井家の家族たちは毎日毎日西洋料理攻め、しまいには使用人までが音を上げてしまったという。話題になってくると弦斎宅の台所には江戸時代から名店として鳴らした八百善の主も応援に駆けつけている。ますます張り切った弦斎は今度は家族を引き連れ当時中華料理で有名だった宝亭や維新號へも出かけている。

こうしたことの集大成が連載「食道楽」に描かれた。反響は大きく、単行本は発売されるやベストセラーとなり版を重ねた。「春の巻」「夏の巻」「秋の巻」「冬の巻」の四巻からなり、黒岩比佐子氏の調査によると、四巻合わせると十万部以上の売り上げを記録している。（『『食道楽』の人　村井弦斎』　岩波書店）

それにしてもこの時代に料理小説がどうしてそんなに売れたのだろう。どんな読者がいたのだろう。造本や装丁に贅を尽くした春夏秋冬の四巻本は、価格は一部八十銭、高価なものだった。それでも売れに売れた。「秋の巻」末尾の広告を見ると解説および内容紹介があり「何人の家庭にも必ず一本無かるべからず」とある。「冬の巻」は日露戦争開戦直後の刊行だったが、そこには附録として「病人の食物料理法」「戦地の食物衛生」も付加されるといった時局への配慮もなされている。しかしなによ

『増補註釈　食道楽』秋の巻 明治37年刊
表紙カバー（柴田書店刊　復刻版より）

り、この、ほんとうに華やかな本は、嫁ぐ女性必携として、また結婚祝いの恰好の贈り物として当時の上流婦人に広く受け入れられたに違いない。

トマト讃歌

『増補註釈　食道楽』にはどの巻にもトマト料理が載っているが、「秋の巻」はことに賑やかだ。トマト讃歌を聴いていただきたい。

赤茄子の味　日本の茄子は生で食べられませんが赤茄子は生で食べるのが一番美味いので、ちよいとしたお料理なら熱湯をかけて指で皮を剝いて薄く二分位に截つて塩少しとお砂糖をかけて食べても宜し、お砂糖と葡萄酒をかけて戴だけば猶ほ結構ですし、三杯酢にして御飯の副食物《おかず》にすると幾つでも食べられます

トマトに砂糖といえば、明治四十三年生まれの私の母が昔こういう食べ方をしているのをよく見かけたものである。また輪切りのトマトに砂糖を山ほどかけてもてなされた思い出もある。昭和五十三年のこと、私は初めて中国を訪れた。それは宿泊した農村の招待所でのこと、そこで雪の如く砂糖をかけたトマトに出会ったのである。そのときの訪中団は農業経済が専門の大学の研究者が主たるメンバーであった。仙台から参加したメンバーの一人はそれを見て「家の方ではトマトには砂糖というのが当たり前ですよ」。すると隣にいたガイド氏は、中国では砂糖はまだ配給であり貴重品であること、したがってこれは熱

烈歓迎のもてなしであると熱く説明してくれた。話を『食道楽』に戻そう。
トマトは夏登山に出かけるとき持参して喉が渇いたら谷間の清水で冷やし塩をつけて食べるという食し方も勧めている。トマト讃歌はまだまだ続き、トマトソースやジャムの作り方もカバーする。カゴメの創業者蟹江一太郎がトマトソース作りに苦労していたのと同じ頃、弦斎宅では当たり前のようにトマトソースが作られていたことが推察される。

赤茄子は沢山あつても決して始末に困りません、トマトソースを取つて置いてもトマトのジヤムを拵へて置いても、年《ねん》中《じゅう》何《ど》んなに調法するか知れません、トマトソースを取りますのは赤茄子を二つに割つて水と種を絞つて鍋へ入れて弱い火で四十分間煮てそれを裏漉しにして徳利の様な物へ入れて一時間計り湯煎にしてそれから壜へ詰めて口の栓を確《しっか》りして置けば何時迄も持ちます、

そしてさらに、

此のトマトソースは大層よく味を出すものですから色々な掛汁《そーす》に大概は少しづゝ入ります、斯うして沢山取つて置くと一年中使つて何んなに便利だか知れません、
ジヤムの方は最初から少しも水気を付けない様にして先づ皮を剥きますが鉄の刃物を使つては不可ません、

なぜならばトマトを切るとき鉄の刃物を使うと早く腐って味を不味くするからであると説明し、話は作り方に及ぶ。

そのジャムはトマトの皮を剝いたら二つに割り種と水を絞る。材料はトマト一斤に対して砂糖も一斤だが、砂糖はザラメ糖か角砂糖がよろしい。砂糖はトマトにかけてそのまま溶けるまで三、四時間置くと汁が出る。そうしたらまず強火にかける。アクを丁寧に掬いながら三十分ほど煮て、もうアクが出なくなったなと思ったら弱火にしてさらに一時間煮詰める。その間決して搔き廻してはならない。ジャムづくりはアクを掬う手間をいい加減にすると出来上がったとき色が悪くなるから丁寧にやってくださいよと念押ししている。

そして最後に弦斎先生は脇役の子爵令嬢玉江に、

赤茄子のお料理なんぞは値段が廉くつて何処の家でも出来ますから何んなに調法致しませう、世人は兎角西洋料理を高いとか金がかゝるとか申して不可ませんが赤茄子の二三本も畑へ植えて色々なお料理にしたら斯んな廉いものはありません子

といわしめているのである。なんと大胆な発言。しかし『食道楽』がベストセラーになったのは、こうした時代を先取りした考え方が広く憧れと共感を呼んだためとも考えられる。

トマト料理が身近になるのは大正に入ってから

大正八年に出た『家庭実用西洋料理法』という本がある。著者は赤堀峯吉。赤堀峯吉は明治十五年に日本で最初の料理学校

赤堀割烹教場を開いた先駆者である。昭和三十八年に赤堀学園出版局から刊行された出雲明著の『指南庖丁』によると、峯吉は料理人であり「掛川屋」という料理屋のあるじでもあった。その店を閉じて料理学校を始めている。開校当日のもてなし料理にはハンバーグステーキが登場している。

当時料理を学ぶのは上流階級の令夫人と令嬢に限られていた。余談だが割烹着は稽古に通ってくるそうした令嬢令夫人が着物を汚さないようにと峯吉が考案したものという。

峯吉は常に時代をリードする家庭料理を広く啓蒙すべく次々料理書を出版している。単なる校長、料理学校の経営者ではなく、実践家であった。『家庭実用西洋料理法』はその峯吉が書いた料理書である。なかにはトマト料理もたくさんある。

トマトスープ（赤茄子清汁《スープ》）、ロッシヤン、サラダ（露国風酢の物）、トマト、アンド、オニオン、サラダ（赤茄子と玉葱の酢の物）、トマト、サンドウキッチ（赤茄

割烹着姿　桂舟作　『四季毎日　三食料理法　春の部』明治45年４月15日刊　口絵
（博文館発行）

子入サンドウヰツチ）、スタッフド、マッシユルームトマト（赤茄子松茸詰）、スチュード、トマト（赤茄子牛酪煮）、スタツフド、エッグ、トマト（茄拵子玉子詰）、フライド、トマト（赤茄子麵麭粉揚）、トマト、アンド、オニオン（赤茄子と玉葱の牛酪蒸焼）、トマト、ソース（赤茄子注汁《つしる》）、ブラウン、トマトソース（鳶色赤茄子注汁）

まだまだ続く。サラダが「酢の物」とあるのも時代がしのばれてたのしい。その中からロッシヤン、サラダの作り方を見ていこう。

格好の好い、大きさの揃った赤茄子を求めて熱湯に潜らし、直ちに皮を剝いて、図の如く猪口の形ちに拵へ、内部の種を出して、伏せて水気を断りて、氷箱に入れて冷やして置きます、スウイートピコロス（甘漬香の物とも云ふ可きもので、胡瓜、玉葱、花野菜、其の他の甘漬けで壜詰に成つて居ます）を俎の上に出して、細かに截つて、黄蛋《マヨネーズ》ソースにて和て、細截パセリを混ぜます、是れを赤茄子の猪口に詰め、極く冷い所を、萵苣《チシヤ》の葉を添へて、一個の料理として侑めても好ければ、亦冷製牛肉料理の附合せとしても結構で御座います、

もう一つスチュード、トマトを紹介すると、「赤茄子は熱湯に潜らして皮を剝き六個乃至八個に截り種を取つて御鍋に入れ牛酪少々、玉葱の細截少々、塩、胡椒を加へて、火に掛け、一寸煮ますと赤茄子も玉葱も軟かに成ります」とありまた「肉類の附合せとして宜しう御座います、」と薦めている。

赤茄子を猪口の形に拵へたる圖

『家庭実用西洋料理法』大正8年刊　ロッシヤン、サラダの挿画

時代は昭和に移る。

台所から菜園に目を転じてみよう。これだけ西洋料理の食材として紹介されるようになってきたトマトだが、家庭の菜園や畑地では育てられていたのだろうか。当時日本でも有数の園芸記者であり、「農業世界」の主筆であった野崎信夫は、雑誌「住宅」（昭和四年四月）に八頁にわたる記事を寄せている。題目は、

趣味の洋菜トマトー作りの秘訣

＝これだけ知つてゐればトマトー通になれます。

＝トマトーは食べて美味しい観賞野菜です。

とあり、

近頃、郊外などで、トマトーを作る人が、めつきりとふえて来た。道楽傍々、競争して作つてゐる人が多い。僕がトマトーを作り出したのは、十五六年も前の事だが、それから毎年のやうに作つてゐます。

と前置きし、栽培に関する秘訣の一切を紹介している。性状、用途、見わけ方、品種、気候、土質、トマトの珍品、そして家庭での栽培法を懇切に解説、採種の仕方まで教えた園芸愛好家向けの記事だが、そのうち「用途」にはこう書かれている。

トマトーの果実は、一種特別な奇臭があるが、食べなれると実に美味しく、次のやうな方法で生で食べるのが一番よい。

一、水で洗つて生のまゝ食べる。

二、熱湯をかけ、皮を剝いてから、食塩、オリーブ油、マヨネーソースなどをかけて食べる。

三、肉類（牛肉や魚肉）と伴に煮て食べる。

其の他種々の料理法があるが、熟果はトマトーソースの材料になり、青い未熟果は糖味噌漬や壜詰の材料ともなる。生で食べると、消化を助けて胃腸によいばかりでなく、腎臓の悪い人や血圧の高い人にもきゝめがある。ヴヰタミンを含んでるるから、小児のミルクの中に、トマトーの汁を入れて飲ますと小児生育がよくなる。

この園芸の専門家は「通になれます」「食べて美味しい観賞野菜です」と推奨している。そしてトマトに薬効を認め、今日でいう目新しい健康食品、さしずめ、もう食べなれてすっかり美味しく感じているゴーヤのようなもの—に近い美質を讃えている。ちなみに日本人にビタミンが意識され始めるのは第一次大戦後のことである。

昭和初期には、西洋料理が一般家庭の食卓にごく身近なものとなっていく。同時に「西洋風」「外国風」の特長を日本人の生活の中にアレンジしようという動きも生じる。また、それまで輸入品に頼っていた食品の国産化も進む。事象を編年史に纏めると今日きわめて遍く浸透したもので「初めて」のつくものや、洋食が一般化するきっかけとなった出来事も見られる。イースト（昭和三年）、ウイスキー（昭和四年）、プロセスチーズ（昭和八年）などの国内生産が始まり（小菅著『近代日本食文化年表』）、日本人が、西洋風料理に慣れ親しんでいく様子が目にみえて明らかである。現在から見れば「若かったあの頃」と言える。

昭和四年十二月三十一日に初版発行、それから一ヶ月とたたぬ翌年一月二十八日に第六版を刊行した春陽堂『料理大辞典』

（緑川幸次郎・石井泰次郎著）は、凡例に「今日流行の鵺的な料理法を駆逐して、一般の家庭に正しい料理法を普及させたい」という意図が記され、簡便な料理法が記された本だが、日本料理の網羅に紙数をとられたため、西洋料理と中華料理は「今日最も一般に行はれてゐるものの範囲を縮小」して編纂されたとある。したがって、取り上げられた西洋料理は、この辞典の読者の耳にもしたことのないものは少なかったと考えられる。その中のトマトとマカロニ料理を見てみよう。

トマト料理は八種掲載されている。見出しを列挙すると、トマトソース（赤茄子のソース）、トマト・フアーシー（トマト油揚）、トマト・サラド（赤茄子サラド）、トマトピユリー（赤茄子の汁）、トマト・スープ（赤茄子の羹汁）、トマト・スタッフド・ウイズ・エッグス（玉子詰トマト）、それにスチウード・トマトー（トマトの煮物）、スタッフド・トマトソース（トマトの充物《みたしもの》）と賑やかだ。トマトはここでも「赤茄子」だ。

マカロニを用いた料理は六種、その中にはトマトを用いたマカロニ料理として「マカロニ・ウイズ・トマト・オワ・アザー・ソース」があり、トマトソース、クリームソース等好みのソースで和え「野菜料理として出すか、又は付合せとして」用い、マカロニは「二寸か二寸五分に切って塩湯で十五六分茹で、水気を切って」使うと説明されている。マカロニの茹で時間の記載をみても、ベークするものは「二十分前後」の塩茹で、ソースで和えるものは「十五六分」と、料理によって異なっており、正しい料理法を普及させたいという趣旨に適った内容だ。当時のマカロニは今日のスパゲッティのように長く、昔の料理人はマカロニは折って使うのが常識であったと銀座煉瓦亭の二代目木田孝一さんから聞いた思い出がある。

ところでトマト料理だが、日本人をトマト料理の虜にしたのはなんといってもあのスパゲッティナポリターナではないだろうか。

ナポリターナの戸籍調べ

私事だがスパゲッティナポリターナと出会ったのは昭和三十四年か五年のこと、当時職場が東京の有楽町にあって近くに「富士アイス」というレストランがあった。そこのナポリターナは真っ白なお皿に入っていてサービスとしてガラスの小鉢にキャベツのサラダがついていた。そのサラダにはスパゲッティと同じオレンジ色のフレンチドレッシングが掛かっていたことを妙に懐かしく思い出す。同じ頃だったと思う。日本橋の「紅花」というレストランで外国銀行へ勤める友達とインテリアデザイナーの友達と三人でスパゲティランチのテーブルを囲んだときのこと、友人二人は「スプーン下さい」という。こちらは目ぱちくりであった。その頃私はまだイタリアを知らずスパゲッティがスープの仲間であり、スパゲッティにスプーンが付いてくるのが当たり前という常識がなかったので目ぱちくりになったというわけである。そしてその後イタリアへ行って初めて納得した、これもまた懐かしい思い出である。いまやどこのレストランへ入ってもスパゲッティにフォークとスプーンは常識、隔世の感がある。

それはともかく、日本人をトマト好き、トマトケチャップ好きにしたのはなんといってもスパゲッティナポリターナの功績であろう。では、トマトとパスタは一体どこで出会ったのだろうか。この二つの「幸せな結婚」がなかったらあのスパゲッティナポリターナという料理は成立しなかったはずである。経緯は『食の世界地図』(21世紀研究会　文藝春秋) と『トマトが野菜になった日』(橘みのり著) に詳しい。

ヨーロッパの中でも比較的早くから食用としてトマトが受け入れられたのはスペインとイタリアであった。スペイン人がヨーロッパにトマトを持ち帰ったのは十六世紀のこと、食用として広くスペイン全土に普及したのは十八世紀末のことで、スペイン人はそのトマトを調理用ソースとして主に煮込み料理に使っているという。

一方イタリアでも、料理人によって次々多彩なトマト料理が生まれている。

このようにトマトが調理用ソースとして使われ始めるとトマトは市場でにわかに脚光を浴び、消費量も急速に伸びる。一八一〇年代の初め、イタリアのシチリア島では盛んにトマトが栽培され、ナポリやローマに出荷されるようになったと『トマトが野菜になった日』にある。

こうしてトマトの一大産地となった南イタリアはまた偶然にも「マカロニ小麦」とも呼ばれるデュラム小麦の一大産地であった。当時パスタは、かつて日本の家庭がうどんやそばを手打ちにするのが当たり前であったように、それぞれの家庭で手作りにされていた。ところが十四世紀半ばになるとパスタメーカーが現れ、やがて街頭で、これまた日本の駅そばならぬ茹でたてパスタを食べさせる屋台のような店が登場して、十八世紀半ばにはパスタはナポリを中心とする南イタリアの庶民の食事として定着したという。

ところでパスタにトマトソースを絡める料理、日本人も大好きなあの「ナポリターナ」が誕生するためにはパスタとトマトソースの結婚がなければならない。

パスタとトマトの結婚、そしてナポリターナは生まれた

橘さんによると、パスタをトマトソースで和えた料理のレシピが文献として登場するのは一八三九年に出版された『調理の

理論と実際』（*La Cucina Teorico-Practica*）という料理書が最初であるという。著者はナポリのヴォンヴィチーノ公爵である

イッポリート・カヴァルカンティで、この著書の中に「トマトソースのヴァルミチェッリ」という料理名で登場するそうだ。ヴァルミチェッリとは、スパゲティよりも細いパスタのことで、日本の素麺みたいなものであるとも説明している。そして二つが結ばれた背景について「もともとデュラム小麦の一大生産地であった南イタリアに、トマトがやってきた。一八世紀初頭のナポリにおいて、トマトとパスタが出会ったのは自然のなりゆきだったといえる。南イタリアでトマトとパスタが『幸福な結婚』を果たしたナポリからは、ナポリの名前を冠した『スパゲティ・アッラ・ナポレターナ』が生まれた。南イタリアの人々が『おいしい』と認めたベスト・カップルが、イタリア全土へ、やがて世界へと広まっていくことになる」と語っている。その「ナポレターナ」、日本へはどのようにして伝わったのだろうか。

『食の世界地図』は「日本へはアメリカ経由で入ってきたものと想像される」と記している。なぜなら「どちらも［筆者注・ナポリタンとミートソース］英語である。ナポリタンはとくに、アメリカ人の大好きなケチャップで味つけされ、さらにアメリカ生まれのタバスコが添えられること」をあげている。本来南イタリアのパスタは歯ごたえを重視した「アル・デンテ」である。しかしアメリカ人はこの「アル・デンテ」をあまり好まない。したがって「アル・デンテ」の歯ごたえが、まったく問題にされていなかった。その結果「イタリア移民がもたらしたスパゲッティやピッツァは、アメリカでイタリア風アメリカ食となって」、「アル・デンテ」を無視した「のびたスパゲッティも、ピッツァならぬピザ・パイにタバスコが添えられるのと同様に、アメリカ的変容」を遂げて日本へ上陸したのであろう、だから当時「日本ではのびたスパゲッティと炒めたソーセージやタマネギ、ピーマンなどをケチャップで和えたものだったと知れば、ナポリ人はひどく驚くに違いない」なぜなれば「本物の『サルサ・ナポレターナ』、つまりナポリ風ソースは、トマトと香味野菜、肉をブイヨンでじっくり煮込んで漉すという、

手間ひまかけて初めて成り立つ完成されたソースで、間違ってもケチャップなどは使わない」からであると書いている。たしかに日本の洋食屋の、そして喫茶店のスパゲッティナポリタンは現在もアメリカ的変容がそのまま受け継がれている。

一方、その後日本でも食の植民地化が進み、本場イタリアのパスタが普及するにつれて茹で具合にも気を使うようになった。

昔からうどんやそばに「コシ」という独特の歯ごたえを求めて来た日本ではアル・デンテは大歓迎された。その結果パスタを中心にした、あるいはイタリア料理を看板にしたレストランの開店が相次いでいる。遡れば東京の場合は港区の六本木界隈がその文化発祥の地となる。昭和二十九年のこと、ロシア大使館に近い麻布台にピザハウスの第一号店ニコラスが開店（神戸での開店は昭和十九年）、外国人と肩を並べ、手づかみをつまむ姿はどこか格好よかった（ちなみにイタリア生まれのパスタと、アメリカ生まれのタバスコソースというコンビを日本へもたらしたのはイタリア系アメリカ人

SOUPS, SALADS AND SPAGHETTI

スープ，サラダ，スパゲティ

A-1	*Minestrone Soup* ミネストロニスープ	¥ 250
	Consommé コンソメスープ	250
	Onion Soup オニオンスープ	250
	Potage Soup ポタージュスープ	250
A-2	*Mixed Green Salad* ミックスグリーンサラダ: *Freshly grown tomatoes, cold crisp lettuce, onions and cucumbers served with our tasty Italian dressing.*	
	Large Salad 大皿	¥ 400
	Small Salad 小皿	250
A-3	*Antipasto Salad* アンティパストサラダ: *Made in the old Italian way with every bite a gourmet's delight.*	
	Large Salad 大皿	¥ 500
	Small Salad 小皿	300
	Mixed Fruit Cocktail ミックスフルーツカクテル: *Jumbo bowl of a variety of chopped fresh fruit* 取合わせ新鮮フルーツ大盛皿	*In Season*
	Spaghetti or Rigatoni or Sea Shell Macaroni with:	
B-1	*Tomato Sauce* トマトソース	¥ 300
B-2	*Neapolitan Meat Sauce* ナポリタンミートソース	400
B-3	*Meat Balls* ミートボール	400
B-4	*Home Made Italian Sausage* ニコラス特製ソーセージ	450
B-5	*Mushroom Sauce* マッシュルーム(松茸)ソース	300
B-6	*Butter Sauce* バターソース	300
	Italian Pilaf イタリアンピラフ	¥ 350
	Bread or Garlic Toast パン又はガーリックトースト	100
	White Rice ライス	100

ニコラスのロゴ（上）と昭和45年当時のメニュー（部分）　株式会社　ザ・ニコラス所蔵

のニコラスのオーナー、ニコラ・ザペッティである）。三十年になると六本木の交差点近くにイタメシのシシリアが、そして三十四年には麻布材木町にアントニオが（六十年に青山に移転）、さらに三十五年には狸穴にキャンティが開店している。

やがて巷ではピザの宅配便が若者の心をつかみパスタを身近なものにした。イタメシという流行語が生まれ全国区になるのはデザート用菓子であるティラミスが人気者となった平成元年以降のことだが、スパゲッティはその間に家庭の食材としても取り込まれ、「アル・デンテ」という言葉もいつの間にか市民権を得て日常語になっている。その功労者はなんといってもレトルトソースである。

花盛りのレトルトパスタソース

デパ地下の、あるいはスーパーのパスタコーナーにはパスタと並んでさまざまなレトルトのパスタソースが顔を揃えている。なかでもトマトソース系がひときわ目立つ。ちなみに、カゴメが平成十年に発売したレトルトのパスタソースに「普段着のイタリアン」というシリーズがあるが、六種類あるうち半分はトマトソース系である。コンビニの弁当コーナーでもナポリターナが主役の座を占めている。ナポリターナ大好き人間の私はパスタレストランへ入るとまず第一声は「トマトソースのパスタ

開店当時のレストラン・アントニオ（麻布材木町）
ANTONIO'S 提供

は何がありますか?」となる。我が家の食料庫を開けてみた。パスタは五〇〇グラム入りが二袋、ソースは「ボンゴレソース」「ローマ風トマトソース」「ナスとひき肉のボロネーゼ」、「ローマ風トマトソース」は三袋もあった。いずれもレトルトソースである。

考えてみると私の場合週に一度はトマトソース味のパスタを食べている。なにしろレトルトソースの便利さは無精者にとって何物にも変えがたい。パスタを茹でる鍋で一緒にソースの袋を湯煎にする。鍋一つで同時に仕上がる。後は和えるだけ。だから原稿書きの合間に手軽に出来る。後は自己責任においてパスタをアル・デンテに仕上げることに集中すればよい。失敗したところで食べるのは茹でた本人である。これで十分トマト味のパスタ、ナポリターナが味わえる。幸せなランチタイムのひとときである。レトルトのこの便利さを大きく評価しているのは私だけではないと思う。いまもしレトルトソースがなかったらパスタはここまで家庭に取り込まれることはなかったのではないだろうか。あわせてここまでトマトソース好きになることもなかったのではないだろうか。

番外編・そしてトマトジュース

もう一つトマトを語る上で忘れてはならないのがトマトジュースである。トマトジュースの生まれたのは早い。平成十一年刊のカゴメ社史『カゴメ一〇〇年史　本編』によると昭和八年にはすでに販売を開始したという。しかしこのトマトジュースもまた他のトマト製品と同様最初から売れたわけではない。それを人気者にするにはどうしたらいいか、昭和三十年いまから半世紀前のこと、カゴメは東京地区での販売戦略として、年収二百万円以上の高額所得者層を対象にダイレクトメールによるピーアール作戦を開始、キャッチフレーズは「ゴルフのあとにトマトジュース」というもので、トマトジュースのファッション化を狙っている。当時の二百万円がどのくらい価値のあるものであったかというと、公務員の初任給が八千七百円（二十九年）、銀行員が五千六百円（三十一年）、国会議員の報酬が二十七年で七万八千円、三十三年当時で九万円、総理大臣は二十七年で十一万円（いずれも月額）、日本ダービーの一着賞金は二十九年で二百万円であったという。いずれにしてもカゴメの年収二百万円という金額は大胆な発想であり、エリート心を揺さぶるには充分なインパクトを持っていたことが想像できる。

一方同じ頃、大阪では新聞広告に刷り込んだ応募シールを切り取って大阪支店に送ると、毎月抽選で一万五千人から二万五千人にトマトケチャップやソース、トマトジュースなどが当たるというまさに大阪的なピーアール作戦を打ち出している。東西それぞれ的を射たアイディア戦術が効を奏した頃、世の中は健康志向に人々の関心が集まり、タイミングよくトマトジュースもその波に乗って「その後のトマトジュースの出荷量は急速に増え続け、昭和四一年には一〇年前の一〇〇倍となる一〇〇万ケース、五一年には一〇年前の六倍となる六〇〇万ケース近くまでとなった」という。さらにそれを決定的なものとしたのが「昭和五〇年代に入って、トマト等緑黄色野菜を多く摂取する食生活ががんにかかりにくくするという調査報告が、米国がん研究所のヘンセル生物統計部長や日本の国立がんセンターの平山雄博士によって相次いで発表されると、トマト製品の需要は大きく伸び、特にトマトジュースは、健康飲料としてますます脚光を浴びることになった」（『カゴメ一〇〇年史　本編』）というレポートである。トマトジュースは売れに売れた。ブームの到来である。なれば各社が放っておくはずはない。五十年には全農系の農協果汁がトマトジュースの製造を開始、次いで翌年には業界最大手の麒麟麦酒が参入して華々しい販売合戦を繰り広げている。トマトジュース人気は高まる一方であった。広告の中には「飲むサラダ」、時代を先取りしたこんなおしゃれなコピーもあった（日本デルモンテ株式会社）。では現在、トマトジュースはどのくらい飲まれているのか。平成十五年の調査

（カゴメ調べ）によると、年間一人が飲む量は二百ミリリットル入りの紙パックにして三本から三本強になるという。

かつて観賞用だったトマト。トマト畑はかけ抜けて通るほど嫌われ者だったトマト。そのトマトはソースとしてまたケチャップとして大正昭和というハイカラな時代を経て、洋食と共に、そして戦後はアメリカの食文化として日本の家庭に定着し、なくてはならない食材・調味料として厨房で、また家庭の台所で大活躍することになる。そしてトマトジュースもまた健康飲料として世に受け入れられた。かくしてこの赤い果実は日本国民の愛を勝ち取り、今やトマトのない暮らしは考えられないのである。トマトの近代日本における受容の変化を通観すると、量産体制に応えるさまざまの技術革新史も見え、興味は尽きない。『カゴメ一〇〇年史　本編』によると、カゴメは平成十一年三月時点で、トマトの遺伝資源合計六千三百種を収集蓄積し、新たな品種開発に備えているという。

昨今の店頭には、酸味が少なくほどよい甘みのイタリア産完熟細長トマトの種々の壜詰や缶詰だけでなく、ついこの間までは見かけなかった新品種が肩を並べている。

参考文献（五十音順）

『英語語源辞典』寺澤芳雄編　研究社　平成九年六月十一日

『カゴメ八十年史』カゴメ八十年史編纂委員会編　カゴメ株式会社　昭和五十三年十一月十一日

『カゴメ一〇〇年史　資料編』社会対応室　一〇〇周年企画グループ編　カゴメ株式会社　平成十一年十月

『カゴメ一〇〇年史　本編』社会対応室　一〇〇周年企画グループ編　カゴメ株式会社　平成十一年十月

『家庭実用西洋料理法』赤堀峯吉著　大倉書店　大正八年六月二十日
『近代日本食文化年表』小菅桂子著　雄山閣出版　平成九年八月二十日
『近代日本食物史』昭和女子大学食物学研究室編　昭和女子大学近代文化研究所　昭和四十六年六月二十日
「検証・鹿鳴館の西洋料理」鳥海忠著　「日本ダイナースクラブ　シグネチャー」　平成十一年十二月臨時増刊所収
『四季毎日　三食料理法　春の部』安西古満子著　博文館　明治四十五年四月十五日
『事物起源辞典　衣食住編』朝倉治彦・安藤菊二・樋口秀雄・丸山信共編　東京堂　昭和四十七年五月十日
『指南庖丁』出雲明著　赤堀学園出版局　昭和三十八年十一月一日
『食の世界地図』21世紀研究会　文藝春秋　平成十六年五月二十日
「趣味の洋菜トマトー作りの秘訣」野崎信夫著　「住宅」昭和四年四月所収
『『食道楽』の人　村井弦斎』黒岩比佐子著　岩波書店　平成十六年六月二十五日
『図説　草木辞苑』木村陽一郎監修　柏書房　昭和六十三年一月十五日
『西洋料理通　上・下』仮名垣魯文著・河鍋暁斎画　万笈閣　明治五年
『西洋野菜そだて草　全』小林弥三郎訳者及出版人　明治十二年五月
『西洋野菜の作り方と食べ方』神田喜四郎編輯　日本園芸研究会　明治四十二年七月三十一日
『増補註釈　食道楽』（春の巻・夏の巻・秋の巻・冬の巻）　村井寛（弦斎）著　報知社出版部　明治三十六年八月十六日（春の巻　十一版）　明治三十六年十月二十九日（夏の巻　九版）　明治三十七年四月十日（秋の巻　十五版）　明治三十七年四月十日（冬の巻　五版）
以上、昭和五十一年五月一日　柴田書店刊『復刻版　食道楽』収載を参照。他に『増補註釈　食道楽　全』村井寛著　報知新聞出版部　明治三十八年十月一五日を参照。

『トマトが野菜になった日 —毒草から世界一の野菜へ』橘みのり著　草思社　平成十一年十二月二十五日
『にっぽん洋食物語大全』小菅桂子著　講談社　平成六年十月二十日
『舶来穀菜要覧』竹中卓郎編輯　大日本農会三田育種場　明治十八年二月十二日
「跋—父弦斎の思い出」村井米子著『食道楽』村井弦斎著・村井米子編訳　新人物往来社　昭和五十八年五月十日所収
『ブックレット　近代文化研究叢書　1　チキンライスの日本史』小菅桂子著　昭和女子大学近代文化研究所　平成十七年七月一日
『ヘボン書簡集』高谷道男編訳　岩波書店　昭和三十四年十月三十日
『明治文化全集　第二十巻　風俗篇』明治文化研究会編　日本評論社　平成四年十月二十日復刻版第一刷　本文中、『西洋料理通』後編附録からの引用は本書に拠った。
『大和本草』貝原益軒著　中村学園大学電子図書館　貝原益軒アーカイブ　http://www.lid.nakamura-u.ac.jp/kaibara/yama/index.htm　所蔵原本PDFファイルより引用。
『有用植物図説　解説　巻一』田中芳男・小野職愨編　帝国博物館　明治二十四年八月
『横浜バンド史話』高谷道男・太田愛人著　築地書館　昭和五十六年十二月二十五日
『横浜の食文化』「横浜の食文化」編集委員会編　横浜市教育委員会　平成四年三月三十一日
『横浜もののはじめ考』横浜開港資料普及協会編　横浜開港資料館　昭和六十三年三月二十五日
『料理大辞典』緑川幸次郎・石井泰次郎著　春陽堂　昭和五年一月二十八日

協力　赤堀料理学園　貝原信紘氏（貝原益軒ご子孫）　カゴメ株式会社　株式会社アントニオ　株式会社ザ・ニコラス
国立国会図書館　柴田書店　春陽堂書店　昭和女子大学図書館　中村学園大学図書館　博文館新社

引用に際し、旧字体の漢字は概ね通行の字体に改め、ルビ・傍点等は適宜省略した。

（近代文化研究所客員研究員）